Krishnamurti

Kann das Leiden jemals enden

Die Vorträge in Washington

AQUAMARIN

ISBN 978-3-89427-530-3

1. Auflage 2010
© Aquamarin Verlag
Voglherd 1 • D-85567 Grafing
www.aquamarin-verlag.de

Titel der Originalausgabe
Washington D. C. 1985 Talks
© 1988 Krishnamurti Foundation Trust Limited
Brockwood Park, Bramdean, Hampshire SO 24 O LQ
England
Further information about Brockwood Park School, the
Krishnamurti Study Centre, and other publications may be
obtained by writing to the Krishnamurti Foundation Trust Ltd.

Übersetzung aus dem Englischen:
Susanne Schaup
Umschlaggestaltung
unter Verwendung Shutterstock I.D. 38535283: Annette Wagner

Druck: Bercker • Kevelaer

Inhalt

Vorwort

Krishnamurti hielt viele Jahre hindurch öffentliche Vorträge in den Vereinigten Staaten, aber in Washington D. C. hatte er noch nie gesprochen. Als er sich im April 1985 dazu bereit erklärte, sprach er in gewissem Sinn zu einem neuen Hörerkreis, dem er in nur zwei zusammenfassenden Vorträgen so viel wie möglich von seiner Lehre vermitteln wollte.

An beiden Tagen war der Saal voll besetzt mit ernsthaft interessierten Zuhörern aus unterschiedlichen Kreisen, und als Krishnamurti sprach, schienen sie in einer nicht fassbaren Weise mitzugehen und traten so mit ihm in Verbindung. Krishnamurti spürte das, und obgleich er vor seinem Tod, der zehn Monate später erfolgte, noch weitere Vorträge hielt, sprach er an diesen beiden Tagen im April 1985, im Alter von neunzig Jahren, vom Gipfel seines Lebens und seiner Lehre.

M. Z.

Gespräch 1

Dies ist kein Vortrag über einen bestimmten Gegenstand irgendeines wissenschaftlichen oder philoso-
phischen Fachgebietes. Vorträge sind dazu da, um über
einen bestimmten Gegenstand zu informieren oder zu
belehren, aber das werden wir nicht tun. Dies ist also
kein Vortrag, aber auch keine Form von Unterhaltung.
Besonders hierzulande ist man sehr daran gewöhnt, un-
terhalten und amüsiert zu werden. Stattdessen wollen
wir heute Nachmittag und morgen Vormittag über die
Gesamtheit unserer Existenz, vom Augenblick unserer
Geburt bis zu unserem Tod, sprechen.

In dieser Zeitspanne, mögen es fünfzig, neunzig oder
hundert Jahre sein, gehen wir durch alle möglichen
Probleme und Schwierigkeiten hindurch. Wir haben
ökonomische, soziale, religiöse Probleme, Probleme mit

persönlichen Beziehungen, Probleme der individuellen Erfüllung, der Suche nach unseren Wurzeln an dem einen oder anderen Ort; und wir haben unzählige psychische Wunden, Ängste, Vergnügungen und Empfindungen. In allen Menschen steckt eine Menge Angst, eine Menge Sorgen, dazu Ungewissheit und das Streben nach Vergnügen. Außerdem erleiden alle Menschen auf dieser schönen Erde viel Schmerz und Einsamkeit. Über dies alles wollen wir miteinander reden; und darüber, welchen Platz die Religion im modernen Leben einnimmt. Wir werden miteinander auch die Frage des Todes besprechen, was ein religiöser Geist und was Meditation ist. Gibt es etwas jenseits des Denkens, gibt es irgendetwas Heiliges im Leben oder ist alles Materie, so dass wir ein materialistisches Leben führen?

Also, wie wir sagten, es handelt sich hier nicht um einen Vortrag. Dies ist vielmehr ein Gespräch zwischen Ihnen und dem Sprecher, ein Gespräch, dem jedwede Bekehrung oder Propaganda – das wäre schrecklich – oder die Einführung von neuen Theorien, Ideen oder einem exotischen Unsinn fern liegt. Wir werden, wenn Sie so freundlich sind, miteinander über unsere Probleme sprechen wie zwei Freunde. Wir kennen einander zwar nicht, aber wir werden reden, diskutieren, ein Gespräch führen – was viel wichtiger ist als einen Vortrag anzuhören und sich sagen zu lassen, was man tun, was man glauben, woran man sich halten soll und so fort. Wir wollen im Gegenteil leidenschaftslos und unpersönlich, ohne uns an einem bestimmten Problem oder einer Theorie festzuhaken, beobachten, was die Menschheit der Welt und was wir uns gegenseitig angetan haben. Wir werden zusammen eine langwierige und komplexe Reise unternehmen, denn Sie sind verantwortlich dafür, ebenso wie der Sprecher, dass wir gemeinsam gehen, gemeinsam prüfen und gemeinsam die Welt anschauen, die wir geschaffen haben.

Die Gesellschaft, in der wir leben, wurde von Menschen geschaffen. Jeder von uns hat dazu beigetragen. Und wenn Sie bereit sind, und das müssen Sie wohl sein, weil Sie hier sind und weil ich hier bin, werden wir uns auf diese lange, komplexe Reise begeben. Das Leben ist sehr komplex. Wir betrachten diese Komplexität gerne und werden dabei immer komplexer. Wir schauen nie etwas einfach an, mit unserem Hirn, mit unserem

Herzen, mit unserem ganzen Sein. Machen wir uns also gemeinsam auf die Reise. Der Sprecher gibt in Worten wieder, was geschieht, objektiv, klar und vollkommen leidenschaftslos.

Wir haben viele Jahrhunderte auf dieser Erde gelebt. Während dieser langen Zeiträume hat die Menschheit unter Einsamkeit, Verzweiflung, Ungewissheit, Verwirrung, den vielfältigen Möglichkeiten der Wahl und daher unter vielfältigen Schwierigkeiten gelitten. Es hat Kriege gegeben – nicht nur physische, blutige Kriege, sondern auch psychische Kriege. Und die Menschheit hat die Frage gestellt, ob es Frieden auf Erden geben könne.

Aber offensichtlich war dies nicht möglich. Gegenwärtig werden ungefähr vierzig Kriege geführt, ideologische, theoretische, ökonomische, soziale. In historischer Zeit, möglicherweise seit fünf- bis sechstausend Jahren, wurden praktisch jedes Jahr Kriege geführt. Und auch jetzt rüsten wir uns für Kriege. Zwei Ideologien – die kommunistische und die sogenannte demokratische – liegen im Streit über die Frage, welche Mittel wir einsetzen sollen, über Rüstungskontrolle und all das Übrige. Krieg scheint das gemeinsame Schicksal der Menschheit zu sein. In der ganzen Welt ist die Anhäufung von Waffen zu beobachten, von einem winzig kleinen Volk oder Stamm bis zu einer hoch entwickelten Wohlstandsgesellschaft wie der Ihren. Wie können wir Frieden auf Erden haben? Ist so etwas überhaupt möglich?

Es ist gesagt worden, dass es keinen Frieden auf der Erde geben könne, nur im Himmel. Dies wird auf je unterschiedliche Weise im Westen wie im Osten wiederholt. Christen haben mehr als alle anderen auf dieser Erde getötet. Wir beobachten diese Tatsachen, diese Sachverhalte, ohne Partei zu ergreifen. Des Weiteren gibt es die verschiedenen Religionen: Das Christentum, die Welt des Islam, die Fundamentalisten, den Hinduismus, den Buddhismus und die verschiedenen Sekten innerhalb des organisierten Christentums; auch in Indien und Asien. Einige glauben an Buddha; im Buddhismus wiederum gibt es keinen Gott. Im Hinduismus gibt es, wie jemand berechnet hat, etwa dreihunderttausend Götter. Das ist ganz lustig, da können Sie jeden Gott wählen, der Ihnen gefällt. Im Christentum und im Islam gibt es nur einen Gott auf der Grundlage zweier Bücher – der Bibel und des Koran. So haben die Religionen die Menschheit ge-

15

spalten, genau so wie der Nationalismus, eine Form von glorifiziertem Stammessystem, die Menschheit gespalten hat – Nationalismus, Patriotismus, religiöser Eifer. Fundamentalisten im Vorderen Orient, hier und in Europa, sind dabei, ihre religiösen Traditionen wiederzuerwecken. Ich frage mich, haben Sie das Wort »wiedererwecken« schon einmal näher betrachtet? Man kann nur etwas wiedererwecken, was tot oder am Absterben ist. Man kann nichts Lebendes wiedererwecken.

Der Mensch hat immer im Konflikt gelebt, so wie jedermann auf dieser Welt jegliche Art von Elend, Kummer, Schmerz oder verzweifelte Einsamkeit durchmacht. Wir sehnen uns danach, all dem zu entkommen. So wollen wir gemeinsam dieses außerordentliche Phänomen betrachten, wie der Mensch, nach Tausenden von Jahren, ein Barbar geblieben ist – grausam, gemein, voll Angst und Hass. Und die Gewalt in der Welt nimmt zu. So stellt man sich die Frage, ob es auf dieser Erde Frieden geben könne. Denn ohne Frieden, zunächst den inneren, psychischen Frieden, kann das Gehirn sich nicht entfalten, können Menschen nicht völlig ganzheitlich leben.

Warum sind wir also nach dieser langen Evolution – einem Zeitraum, in dem wir ungeheure Erfahrung, Wissen, eine große Menge an Informationen gesammelt haben – warum sind wir als Menschen ständig im Konflikt? Das ist die eigentliche Frage. Denn wenn es keinen Konflikt gibt, dann herrscht natürlicherweise Frieden. Der Mensch[1] – und damit ist, bitte, auch die Frau gemeint, denn wenn ich das Wort »Mensch« gebrauche, schließe ich die Frau nicht aus, regen Sie sich also nicht auf. Wenn ich mir zudem die Bemerkung erlauben darf, seien Sie bitte nicht ungehalten oder irritiert über das, was wir gemeinsam erforschen wollen. Es liegt in Ihrer Verantwortung, die Dinge zu prüfen, nicht nur intellektuell, verbal, sondern mit Ihrem Herzen, mit Ihrem Hirn, mit Ihrem ganzen Sein, und festzustellen, warum wir sind, was wir sind.

Wir haben es mit verschiedenen Religionen, verschiedenen ökonomischen und sozialen Systemen versucht, und trotzdem leben wir im Konflikt. Kann dieser Konflikt in jedem Einzelnen von uns ganz und gar enden, nicht zum Teil, nicht hin und wieder? Das ist eine sehr

---

1 engl.: »man« bedeutet sowohl Mensch als auch Mann

ernste Frage. Sie verlangt eine ernste Antwort. Sagen Sie nicht, es sei möglich oder unmöglich, sondern prüfen Sie sehr gründlich, warum Menschen, einschließlich Ihnen und vielleicht auch dem Sprecher, in ständigem Konflikt leben, mit Problemen und Spaltungen – warum wir die Welt in Nationalitäten, religiöse Gruppierungen, soziale Verhaltensweisen und den ganzen Rest gespalten haben. Können wir heute Nachmittag ernsthaft die Frage untersuchen, ob es möglich sei, dem Konflikt ein Ende zu setzen? Zunächst psychisch, innerlich, denn wenn es eine bestimmte Qualität von Freiheit im Inneren gibt, dann werden wir eine Gesellschaft hervorbringen, in der es keinen Konflikt gibt. Daher obliegt es uns als menschlichen Wesen, als sogenannten Individuen, unser Gehirn, unsere Energie, unsere Leidenschaft wirklich einzusetzen, um selbst herauszufinden, nicht in Anlehnung an einen Philosophen oder irgendeinen Psychiater, sondern um selbst herauszufinden, ob dieser Konflikt zwischen den Menschen ein Ende finden kann.

Was ist Konflikt? Warum haben wir im Konflikt gelebt? Warum haben wir Probleme? Bitte, gehen Sie mit dem Sprecher auf diese Fragen ein. Was ist ein Problem? Die etymologische Bedeutung dieses Wortes ist »ein Vor-Geworfenes«, eine Herausforderung, etwas, worauf Sie eine Antwort geben müssen.

Als Kinder werden Sie in die Schule geschickt. Dort begegnen Ihnen die Probleme des Schreibens, der Mathematik, der Geschichte, der Wissenschaft, der Chemie und alles Übrige. Von Kindheit an werden Sie also trainiert, Probleme zu haben. Bitte, gedulden Sie sich. Schauen Sie sorgfältig hin. Ihr Gehirn ist konditioniert, trainiert und dazu erzogen, Probleme zu haben. Beobachten Sie das selbst, und hören Sie bitte nicht einfach auf den Sprecher. Wir untersuchen und betrachten die Probleme, die wir haben, gemeinsam. Von Kindheit an sind wir also trainiert, erzogen und konditioniert, Probleme zu haben; und wenn neue Probleme auftauchen, wie es unweigerlich geschieht, versucht unser Gehirn, das so voll ist von Problemen, ein weiteres Problem zu lösen, und vermehrt sie dadurch. Dasselbe geschieht auch in der Welt. Die Politiker vermehren überall auf der Welt die Probleme, eins nach dem anderen. Und sie haben keine Lösung gefunden.

Ist es also möglich, ein Gehirn zu haben, das frei ist, so dass Sie Probleme lösen können? Kein Gehirn vollgestopft mit Problemen. Ist das möglich? Wenn Sie sagen, es sei möglich, oder es sei nicht möglich, haben Sie aufgehört, die Frage zu untersuchen. Das Wichtige an dieser Untersuchung ist, dass man eine Menge Zweifel und Skepsis haben muss und niemals etwas für bare Münze nimmt, weil es einem Spaß macht oder einen befriedigt. Dazu ist das Leben viel zu ernst.

Daher sollten wir nicht nur das Wesen des Konfliktes und der Probleme untersuchen, sondern vielleicht noch etwas anderes, das möglicherweise viel wichtiger ist. Sehen Sie sich auf der ganzen Welt um, wo immer Sie wollen, jeder Mensch auf dieser Erde, er mag leben, wo er will, macht alle möglichen Leiden durch. Millionen haben Tränen vergossen und hin und wieder gelacht. Jeder Mensch auf dieser Erde ist durch große Einsamkeit, Verzweiflung und Angst gegangen, durch Verwirrung und Unsicherheit, wie Sie – jeder Menschen, ob schwarz, weiß, rot oder von welcher Hautfarbe auch immer. Das ist eine psychische Tatsache, etwas Wirkliches, nicht etwas, das der Sprecher erfunden hat. Es lässt sich beobachten;

Sie können es von jedem Gesicht auf dieser Erde ablesen. Daher sind Sie psychisch wie die übrige Menschheit. Sie mögen groß, klein, schwarz oder weiß sein, aber psychisch sind Sie die Menschheit. Bitte, begreifen Sie das – nicht intellektuell oder ideologisch oder als Hypothese, sondern als Tatsache, als brennende Wirklichkeit – dass Sie von der Psyche her die übrige Menschheit sind. Daher sind Sie psychisch keine Individuen. Obwohl die Religionen, abgesehen von einem Teil des Hinduismus und Buddhismus, den Begriff des individuellen Wachstums kannten und förderten, durch die Rettung individueller Seelen und diese ganze Geschichte, ist Ihr Bewusstsein in Wirklichkeit nicht das Ihre. Es ist das Bewusstsein der übrigen Menschheit, weil wir alle durch dieselbe Mühe, denselben endlosen Konflikt hindurchgehen. Wenn Sie das einsehen, nicht emotional, nicht als intellektuellen Begriff, sondern als etwas Wirkliches, Reales, Wahres, dann werden Sie keinen anderen Menschen töten. Sie werden niemals einen anderen umbringen, sei es verbal oder intellektuell, ideologisch oder psychisch, weil Sie sich damit selbst umbringen. Auf der ganzen Welt ist jedoch die Individualität gefördert worden. Jeder kämpft für sich

21

selbst, seinen Erfolg, seine Erfüllung, seine Vollendung, jagt seinen Begierden nach und richtet Zerstörungen in der Welt an.

Bitte verstehen Sie das sehr genau. Wir sagen nicht, dass jedes Individuum wichtig sei: Im Gegenteil. Wenn es Ihnen um den Weltfrieden geht, nicht nur um Ihren eigenen kleinen Hinterhof-Frieden – Nationen sind zum Hinterhof geworden –, wenn es Ihnen wahrhaft darum geht, wie es wirklich ernsthaften Leuten darum gehen muss, denn sie sind die übrige Menschheit –, so ist das eine große Verantwortung.

Wir müssen daher zurückgehen und selbst herausfinden, warum Menschen die Welt zu dem reduziert haben, was sie jetzt ist. Was ist die Ursache von all dem? Warum haben wir alles, was wir anrühren, in solche Unordnung gebracht? Warum gibt es Konflikte in unseren persönlichen Beziehungen? Warum gibt es einen Konflikt zwischen Göttern – Ihrem Gott und dem Gott des anderen? Wir müssen gemeinsam prüfen, ob es möglich ist, dem Konflikt ein Ende zu setzen. Sonst werden wir niemals Frieden auf dieser Welt haben.

Lange bevor es das Christentum gab, redeten die

Menschen vom Frieden auf Erden. Lange vor dem Christentum beteten sie Bäume an, Steine, Tiere, den Blitz oder die Sonne. Die Vorstellung von Gott existierte nicht, weil die Erde als die Mutter angesehen wurde, die man anbeten, bewahren, schonen sollte, anstatt sie zu zerstören, wie wir es jetzt tun.

Lassen Sie uns deshalb miteinander all diesen Fragen nachgehen – bitte, ich meine miteinander, nicht, indem ich sie stelle und Sie beiläufig zuhören und mir zustimmen oder auch nicht. Könnten wir heute Nachmittag all das beiseite lassen, dieses Zustimmen und Nichtzustimmen? Werden Sie das tun, damit wir alle die Dinge betrachten können, wie sie sind – nicht wie Sie meinen, dass sie seien, nicht Ihre Idee oder Vorstellung dessen, was ist, sondern die Dinge einfach anschauen? Schauen Sie es ohne Worte an, wenn das möglich ist. Das ist viel schwieriger.

Zunächst einmal ist dies die wirkliche Welt, in der wir leben. Es ist nicht möglich, ihr durch Klöster, durch religiöse Erfahrungen zu entfliehen – und man muss all seine Erfahrungen in Frage stellen. Der Mensch hat alles auf Erden Mögliche getan, um vor der Wirklichkeit des

23

täglichen Lebens mit seiner ganzen Komplexität davonzulaufen. Warum gibt es Konflikte in der Beziehung zwischen Mann und Frau – sexuelle, sinnliche Teilung? In dieser eigentümlichen Beziehung verfolgt der Mann seine eigenen Absichten, seine eigene Begierde, seine eigenen Wünsche, seine eigene Erfüllung, und die Frau tut dasselbe. Ich weiß nicht, ob Sie das alles schon bemerkt haben. Daher haben wir hier zwei ehrgeizige, strebende Menschen, getrieben von Begierde, zwei parallele Linien, die sich nie begegnen, außer vielleicht sexuell. Wie kann es zwischen zwei Menschen eine Beziehung geben, wenn jeder nur seine eigenen Wünsche, Absichten und Begierden verfolgt?

Wegen dieser Teilung gibt es in einer solchen Beziehung keine Liebe. Das Wort »Liebe« wurde verdorben, angespien und entwürdigt. Es ist zur reinen Sinneslust, zum Vergnügen verkommen. Liebe ist nicht Vergnügen. Liebe ist nicht etwas vom Denken Fabriziertes; sie hängt nicht von Sinnesempfindungen ab. Wie kann es daher eine echte, wahrhafte Beziehung zwischen zwei Menschen geben, wenn jeder seine eigene Wichtigkeit im Auge hat? Eigeninteresse ist der Anfang von Korruption und Zerstörung, beim Politiker ebenso wie beim religiösen Menschen. Eigeninteresse beherrscht die Welt, und deshalb gibt es Konflikte.

Wo immer Dualität und Trennung herrscht, wie diejenige zwischen dem Juden und dem Araber, zwischen dem Christen, der an einen Heiland glaubt, und dem Hindu, der an all das nicht glaubt, gibt es diese Teilung: Nationale Teilung, religiöse Teilung, individuelle Teilung. Wo diese Teilung herrscht, muss es Konflikt geben. Das ist ein Gesetz. So leben wir unser tägliches Leben in einem kleinen, eingeschränkten Selbst, einem begrenzten Selbst. Das Selbst ist immer begrenzt – und das ist die Ursache des Konflikts. Das ist der Kern all unserer Kämpfe, Schmerzen, Ängste und alles Übrigen.

Das wird einem bewusst, wie es den meisten Menschen natürlicherweise bewusst werden muss, nicht weil man es gesagt bekommt oder weil man ein philosophisches Buch oder etwas über Psychologie gelesen hat, sondern weil es eine reale Tatsache ist. Jedem geht es um sich selbst. Jeder lebt in einer getrennten Welt für sich allein. Deshalb gibt es eine Spaltung zwischen Ihnen und dem anderen, zwischen Ihnen und Ihrer Religion, zwischen Ihnen und Ihrem Gott, zwischen Ihnen und Ihren Ideologien. Ist es also möglich zu begreifen – nicht intellektuell, sondern in der Tiefe –, dass Sie die übrige Menschheit sind? Was immer Sie tun, ob Gutes oder Schlechtes, wirkt sich auf die übrige Menschheit aus, weil Sie die Menschheit sind.

Ihr Bewusstsein ist nicht das Ihre. Ihr Bewusstsein setzt sich aus seinem Inhalt zusammen. Ohne den Inhalt gibt es kein Bewusstsein. Ihr Bewusstsein setzt sich, wie das der übrigen Menschheit, aus Glaubensinhalten, Ängsten, religiösem Glauben, Göttern und persönlichen Zielen zusammen. Daraus besteht Ihr gesamtes Bewusstsein, vom Denken zusammengefügt.

Man hofft, dass wir die Reise gemeinsam angetreten haben, dass wir gemeinsam auf derselben Straße wandern. Nicht, dass Sie sich eine Reihe von Ideen anhören. Es geht uns nicht um Ideen oder Ideologien, sondern wir stellen uns der Wirklichkeit, denn in der Wirklichkeit und im Überschreiten dieser Wirklichkeit liegt die Wahrheit. Und wenn Wahrheit herrscht, so ist das etwas höchst Gefährliches. Wahrheit ist sehr gefährlich, weil sie zu einer Revolution im eigenen Inneren führt.

Es ist gut, Fragen zu stellen. Aber wem stellen Sie Ihre Frage? Stellen Sie die Frage dem Sprecher? Das bedeutet, dass Sie eine Antwort vom Sprecher erwarten. Damit verlassen Sie sich auf den Sprecher. Damit bauen Sie Gurus auf. Sind Sie jemals der Frage nachgegangen, warum wir Fragen stellen? Nicht, dass Sie keine stellen sollten, aber prüfen wir die Sache. Angenommen, Sie stellen dem Sprecher eine Frage, und er beantwortet sie: Entweder Sie akzeptieren die Antwort oder Sie lehnen sie ab. Wenn diese entsprechend Ihrer Konditionierung oder Ihrem Milieu befriedigend für Sie ausfällt, dann sagen Sie: »Ja, ich stimme Ihnen vollkommen zu.« Oder wenn Sie nicht derselben Meinung sind, sagen Sie: »Welcher Unsinn.« Doch wenn Sie anfangen, die Frage selbst zu untersuchen, ist dann die Antwort etwas von der Frage Getrenntes? Oder liegt die Antwort bereits in der Frage selbst? Der Duft einer Blume ist die Blume. Die Blume selbst ist das Wesen dieses Duftes. Aber wir verlassen uns so sehr auf andere, damit sie uns helfen, damit sie uns ermutigen und unsere Probleme lösen. Infolge unserer

27

Verwirrung schaffen wir daher Autoritäten, die Gurus, die Priester. Also bitte, es ist gut, Fragen zu stellen. Ich weiß nicht, ob Sie dieser Sache nachgegangen sind. Wissen Sie, wir haben die Kunst des Untersuchens, der Diskussion verloren; nicht Partei zu ergreifen, sondern die Dinge anzuschauen. Das ist etwas sehr Komplexes; aber vielleicht ist das nicht der geeignete Anlass, näher darauf einzugehen.

Sie sollten auch nachforschen, warum wir von Kindheit an psychisch verletzt werden. Die meisten von uns sind psychisch verwundet, und aus dieser Verwundung, ob wir uns dessen bewusst sind oder nicht, kommen viele unserer Probleme. Einem Kind wird eine Wunde zugefügt, indem man es tadelt, indem man etwas Hässliches, Brutales oder Gewalttätiges sagt. Wenn Sie sagen: »Ich bin verwundet«, wer ist der Verwundete? Ist es das Bild, das Sie von sich aufgebaut haben, das verwundet ist – die Psyche? Bitte, der Sprecher hat keines der Bücher über Psychologie oder Philosophie oder religiöse Bücher selbst gelesen, er untersucht die Frage einfach mit Ihnen. Die Psyche ist das »Ich« – und dieses Ich ist das Bild, das ich mir von mir selbst gemacht habe. Daran ist nichts Spirituelles. Das ist noch so ein hässliches Wort – »spirituell«. Dieses Bild wird also verletzt, und wir schleppen dieses Bild durch unser ganzes Leben. Wenn uns ein Bild nicht angenehm ist, legen wir uns ein neues, angenehmeres Bild zurecht und bauen es auf – es lohnt sich, es ist bedeutend und gibt unserem Leben einen intellektuellen Sinn.

Ist es möglich, auf dieser Erde zu leben, ohne sich ein einziges Bild über irgendjemanden, auch nicht über Gott, zu machen – falls es eine solche Wesenheit gibt? Kein Bild von Ihrer Frau, Ihren Kindern, Ihrem Ehemann, und so weiter? Kein einziges Bild zu haben? Dann ist es möglich, niemals verwundet zu werden.

Da unsere Zeit begrenzt ist, sollten wir außerdem sorg-fältig untersuchen, ob es möglich ist, frei von Angst zu sein. Dies ist eine wirklich wichtige Frage. Es ist nicht so, dass ich sie für Sie stelle, sondern Sie stellen sich selbst die Frage, ob es möglich ist, in einer modernen Gesellschaft, mit ihrer ganzen Brutalität, mit der ungeheuerlichen, zunehmenden Gewalttätigkeit zu leben und dennoch frei zu sein von Angst. Dies ist etwas ganz anderes als Analyse. Einfach zu beobachten, ohne irgendeine Verzerrung. Zum Beispiel diesen Saal zu beobachten, wie viele Sitzreihen er hat – die Kleidung Ihres Nachbarn zu beobachten, sein Gesicht, wie er spricht. Einfach zu beobachten, nicht zu kritisieren, nicht zu bewerten, zu beurteilen, sondern nur zu beobachten. Einen Baum zu beobachten, den Mond und die rasch dahinfließenden Gewässer zu beobachten. Wenn Sie auf diese Weise beobachten, dann stellen Sie sich die Frage: Was ist Schönheit?

In den Zeitschriften wird viel von Schönheit geredet: Wie man schön zu sein hat, Ihr Gesicht, Ihre Haare, Ihr Teint und alles Übrige. Was also ist Schönheit? Gibt es Schönheit in einem Bild, in einem Gemälde, in den seltsamen modernen Strukturen? Gibt es Schönheit in einem Gedicht? Liegt Schönheit einfach im physischen Gesicht und im Körper? Haben Sie jemals diese Frage gestellt? Wenn Sie ein Künstler sind, ein Dichter oder eine literarisch gebildete Person, dann sind Sie vielleicht in der Lage, etwas sehr Schönes zu schildern, etwas Reizvolles zu malen, ein Gedicht zu schreiben, das wirklich an Ihr Sein rührt. Was also ist Schönheit? Haben Sie je bemerkt, dass ein ungezogenes, lärmendes, ausgelassenes

Kind, dem Sie ein hübsches Spielzeug, ein kompliziertes Spielzeug schenken, sich völlig davon gefangen nehmen lässt und seine ganze Ungezogenheit ein Ende hat, weil es versunken ist? In ein Gedicht, ein Angesicht, in ein Bild versunken zu sein – ist diese Versunkenheit Schönheit? Wenn Sie einen herrlichen Berg betrachten, dessen Gipfel vom ewigen Schnee bedeckt ist, seine Silhouette vor dem blauen Himmel, dann verdrängt die Unermesslichkeit dieses Berges für eine Sekunde das Selbst, das »Ich«, mit allen seinen Problemen und Ängsten. Angesichts der Majestät der gewaltigen Felsen und der lieblichen Täler und Flüsse gibt es in diesem Augenblick, in dieser Sekunde kein Selbst. Der Berg hat also das Selbst verdrängt, ebenso wie das Spielzeug das Kind beruhigt. Dieser Berg, dieser Fluss, die Tiefe der blauen Täler vertreibt für eine Sekunde alle Ihre Probleme, alle Ihre Eitelkeiten und Ängste. Dann sagen Sie: »Wie schön das ist.« Aber gibt es Schönheit ohne Versunkenheit in etwas Äußeres? Das heißt, Schönheit ist, wo das Selbst nicht ist.

Bitte schlafen Sie nicht ein. Vielleicht haben Sie gut zu Mittag gegessen – ich hoffe es –, aber hier ist nicht der Ort zum Schlafen. Es geht um Ihr Problem, um Ihr Leben, nicht um das Leben des Sprechers. Wir reden von Ihrem Leben, Ihren Eitelkeiten, Ihren Verzweiflungen, Ihren Kümmernissen. Bleiben Sie also noch zwanzig oder dreißig Minuten wach, wenn Sie das interessiert.

Schönheit ist also, wenn das Selbst nicht ist. Und das erfordert ernste Meditation, tiefes Nachforschen, ungeheuer viel Disziplin. Das Wort »Disziplin« bedeutet [gemäß seiner lateinischen Wurzel] »Schüler«, der vom Meister lernt. Lernen – nicht Disziplinieren im Sinne von Konformität, Imitation, Anpassung, sondern Lernen. Lernen bringt seine eigene ungeheure Disziplin mit sich, und der inwendige Ernst erfordert Disziplin.

Und jetzt müssen wir zusammen untersuchen, was Angst ist. Was ist Angst? Die Menschheit hat sich mit der Angst abgefunden, aber sie hat das Problem der Angst nie lösen können. Niemals. Es gibt verschiedene Formen von Angst. Sie haben vielleicht Ihre besondere Form: Angst vor dem Tod, Angst vor Göttern, Angst vor dem Teufel, Angst vor Ihrer Frau, Angst vor Ihrem Ehemann, Angst vor den Politikern – weiß Gott, wie viele Ängste die Menschheit hat. Was ist Angst? Nicht die bloße Erfahrung von Angst in ihren vielfältigen Formen, sondern die Realität, die Wirklichkeit von Angst? Wie kommt sie zustande? Warum hat die Menschheit, die jeder Einzelne von uns verkörpert, Angst als Lebensweise hingenommen – Gewalt im Fernsehen, Gewalt in unserem täglichen Leben und die höchste Form von Gewalt, das organisierte Töten, das sich Krieg nennt?

Steht Angst nicht in Beziehung zur Gewalt? Wir untersuchen die Angst – die augenblickliche Wahrheit von Angst, nicht die Idee von Angst – begreifen Sie den Unterschied? Die Idee der Angst ist etwas anderes als die Wirklichkeit von Angst, nicht wahr? Was ist also Angst? Wie ist sie entstanden?

In welcher Beziehung steht Angst zur Zeit, zum Denken? Man kann sich vor dem Morgen oder vor vielen Morgen ängstigen; man kann Angst vor dem Tod haben – oder Angst vor dem Aktuellen, das jetzt geschieht. Wir müssen das gemeinsam untersuchen – bitte, der Sprecher wiederholt es immer wieder, gemeinsam. Es macht keinen Spaß, Selbstgespräche zu führen. Wird Angst von Zeit verursacht? Jemand hat in der Vergangenheit etwas getan, das Sie verletzt hat, und die Vergangenheit ist Zeit. Die Zukunft ist Zeit. Die Gegenwart ist Zeit. Wir fragen daher, ob Zeit vielleicht ein zentraler Faktor der Angst sei. Die Angst hat viele, viele Zweige, viele Blätter, aber es hat keinen Zweck, die Zweige zu beschneiden, sondern wir müssen fragen: Was ist die Wurzel der Angst? Nicht die vielfältigen Formen von Angst, denn Angst ist Angst. Aus Angst haben Sie Götter und Heilande erfunden. Wenn Sie psychisch absolut keine Angst haben, ist eine ungeheure Erleichterung da, ein großes Gefühl von Freiheit. Sie haben alle Bürden des Lebens abgeworfen. Wir müssen also sehr ernsthaft und genau, in aller Ruhe, diese Frage untersuchen. Ist Zeit ein Faktor? Offensichtlich. Ich habe gegenwärtig eine gute Stellung, aber ich kann sie morgen verlieren, und deshalb habe ich Angst. Wenn Angst herrscht, gibt es Eifersucht, Sorge, Hass und Gewalt. Zeit ist also ein Faktor der Angst. Bitte, hören Sie zu Ende zu und fragen Sie nicht, wie kann ich die Zeit zum Stillstand bringen? Darum geht es nicht, das ist eine ziemlich absurde Frage.

Zeit ist ein Faktor, und Denken ist ein Faktor, das Nachdenken darüber, was geschehen ist, was geschehen könnte: Denken. Ist Denken ein Faktor der Angst? Hat Denken Angst verursacht? Wie wir gesehen haben, bringt Zeit Angst hervor, nicht wahr? Zeit, nicht nur die Uhrzeit, sondern die psychische Zeit, die inwendige Zeit: »Ich werde sein«; »Ich bin nicht gut, aber ich werde es sein«; »Ich werde meine Gewalttätigkeit ablegen«, was wiederum die Zukunft ist. All dies beinhaltet Zeit. Wir sollten ergründen, was Zeit ist.

Sind Sie dazu bereit? Möchten Sie sich auf all dies einlassen? Wirklich? Das wundert mich, denn Sie sind doch alle durch die Schule gegangen, Sie sind alle informiert worden, und von den Psychologen, von den Priestern, von Ihren Führern ist Ihnen gesagt worden, was Sie tun sollen. Sie suchen immer Hilfe und suchen neue Wege, wie Sie Hilfe bekommen können. So ist man ein Sklave der anderen geworden. Man ist nie frei, etwas zu untersuchen, psychisch vollkommen auf eigenen Füßen zu stehen.

Wir werden also jetzt die Zeit erforschen. Was ist Zeit? Abgesehen von der Uhr, abgesehen vom Sonnenaufgang und Sonnenuntergang, von der Schönheit des Sonnenaufgangs, der Schönheit des Sonnenuntergangs,

35

abgesehen von Licht und Dunkelheit, was ist Zeit? Bitte, wenn man das Wesen der Zeit wirklich im Inneren versteht, dann entdeckt man für sich das außerordentliche Gefühl, überhaupt keine Zeit zu haben.

Zeit ist die Vergangenheit, nicht wahr? Zeit ist die Zukunft, und Zeit ist die Gegenwart. Der ganze Kreislauf ist Zeit. Die Vergangenheit, Ihre Herkunft, was Sie gedacht, was Sie erlebt haben, Ihre Erfahrungen, Ihre Konditionierung als Christ, Hindu, Buddhist und alles Übrige. Sie können auch all diesen Unsinn beiseite schieben und erklären, Sie würden ab jetzt auf diese oder jene Art leben, was Vergangenheit wäre. So ist also die Vergangenheit die Gegenwart, nicht wahr? Ohne die Vergangenheit wären Sie nicht hier. Seit zweitausend Jahren sind Sie programmiert, und die Hindus schon seit drei- bis fünftausend Jahren. Wie ein Computer wiederholen, wiederholen und wiederholen Sie immerfort dasselbe. Die Vergangenheit ist also die Gegenwart; was Sie jetzt sind, ist das Resultat der Vergangenheit. Und morgen, oder tausendmal morgen, ist das, was Sie jetzt sind, daher ist die Zukunft jetzt. Im Jetzt ist alle Zeit enthalten. Auch das ist eine Tatsache, die Wirklichkeit, keine Theorie. Was Sie sind, ist das Resultat der Vergangenheit, und was Sie morgen sein werden, ist das, was Sie jetzt sind. Wenn ich jetzt gewalttätig bin, werde ich auch morgen gewalttätig sein. Das Morgen ist daher im Jetzt, in der Gegenwart, wenn ich nicht eine radikale, grundlegende Wandlung herbeiführe. Sonst werde ich das sein, was ich gewesen bin. Wir haben eine lange Evolution durchlaufen. Wir haben uns entwickelt, entwickelt, entwickelt zu dem, was wir jetzt sind. Und wenn wir dieses Spiel weitertreiben, werden wir auch am nächsten Tag gewalttätig und barbarisch sein. Da also alle Zeit im Jetzt enthalten ist – und das ist eine Tatsache, die Wirklichkeit –, kann es dann eine totale Wandlung in unserem gesamten Verhalten und in unserer Art zu leben, zu denken und zu fühlen geben? Denn wenn wir keine radikale psychische Wandlung herbeiführen, dann werden wir genauso sein wie in der Vergangenheit. Gibt es also überhaupt eine Möglichkeit, diese psychische Wandlung herbeizuführen?

Wissen Sie, wenn man ein Leben lang nach Norden gegangen ist, wenn man eine bestimmte Richtung verfolgt hat, oder auch keine, schwankenden Schrittes, wie

37

die meisten, wenn dann einer kommt, der einem eindringlich sagt, dass der Weg nach Norden nirgendwohin führt und an seinem Ende gar nichts ist, dann hört man ernsthaft zu, nicht nur mit den Ohren, sondern tief im Inneren. Gehe nach Osten, Westen oder Süden, wird einem gesagt, und man antwortet: »Das werde ich tun.« In diesem Augenblick haben Sie eine Kehrtwendung gemacht, und es findet eine Wandlung statt. Der Sprecher stellt das sehr einfach dar, aber es handelt sich um ein sehr komplexes Problem, nämlich tief im Inneren zu verstehen, dass wir seit Jahrhunderten diesen Weg beschreiten und uns überhaupt nicht verändert haben. Wir sind immer noch gewalttätig, brutal und alles Übrige. Wenn wir das wirklich wahrnehmen, nicht intellektuell oder verbal, sondern tief innerlich, dann schlagen wir eine andere Richtung ein. In diesem Augenblick findet in den Gehirnzellen selbst die Wandlung statt.

Der Sprecher hat diese Dinge mit einigen Neurologen erörtert. Natürlich stimmen sie nicht ganz damit überein, aber immerhin ein Stück weit. Es ist immer ein Spiel, verstehen Sie? Wir behandeln das Leben wie ein Spiel, das man manchmal richtig, manchmal falsch spielt. Aber wir fragen uns nie: Worin besteht die Kunst zu leben? Eine Kunst, die etwas Größeres ist als irgendeine Kunst in der Welt. Wir wollen dieser Frage bis zum Ende nachgehen. Danach werden wir uns morgen wiedertreffen, wenn Sie möchten. Ich fordere Sie nicht dazu auf, die Entscheidung liegt bei Ihnen.

Wir sagten vorhin, die Zeit sei wichtig, weil wir nach der Zeit leben, aber wir leben die Zeit nicht als Ganzes, welche die Gegenwart ist. In der Gegenwart ist alle Zeit enthalten – die Zukunft und die Vergangenheit. Wenn ich heute gewalttätig bin, werde ich auch morgen gewalttätig sein. Kann ich nun diese Gewalttätigkeit heute vollständig, nicht zum Teil, beenden? Das kann ich. Und weiter: Wird Angst durch das Denken verursacht? Natürlich. Vertrauen Sie nicht auf das Wort des Sprechers, schauen Sie hin. Heute bin ich sicher, aber ich fürchte mich vor dem, was morgen geschehen könnte. Es könnte einen Krieg geben, es könnte irgendeine andere Katastrophe eintreten. Daher sind Zeit und Denken die Wurzel der Angst.

Was also ist das Denken? Sie verstehen meine Frage? Wenn Zeit und Denken die Wurzel der Angst sind – wie es tatsächlich der Fall ist –, was ist das Denken? Warum leben wir, handeln wir und tun alles auf der Grundlage des Denkens? Die wunderbaren Kathedralen Europas, die Schönheit, die Konstruktion, die Architektur wurden durch das Denken vollbracht. Alle Religionen mit ihrem Drum und Dran, ihre Aufmachung, ihre mittelalterlichen Gewänder wurden durch das Denken geschaffen. Alle Rituale hat sich das Denken ausgedacht und zurechtgelegt. Wenn Sie ein Auto fahren, beruht auch dieses auf dem Denken. Wiedererkennen ist Denken. So muss man also untersuchen, wenn Sie nicht zu müde sind – und dann wollen wir aufhören – was ist das Denken? Wahrscheinlich haben sehr wenige Menschen diese Frage gestellt. Der Sprecher hat sechzig Jahre lang diese Frage gestellt. Was ist Denken? Wenn Sie herausfinden können, was der Ursprung, der Anfang des Denkens ist, warum das Denken so außerordentlich wichtig in unserem Leben geworden ist, dann könnte in dieser Fragestellung selbst eine Wandlung stattfinden. Wir fragen also, was sind Gedanken, was ist das Denken? Warten Sie nicht auf meine Antwort. Schauen Sie es an, beobachten Sie.

Denken ist Wort; das Wort ist wichtig, der Klang des

Wortes, seine Beschaffenheit, die Tiefe, die Schönheit eines Wortes. Insbesondere der Klang. Ich werde auf die Frage von Klang und Stille nicht eingehen. Denken gehört zum Gedächtnis, nicht wahr? Erforschen Sie das bitte mit dem Sprecher, und sitzen Sie nicht einfach bequem oder unbequem da. Das Denken gehört also zum Gedächtnis, nicht wahr? Wenn wir überhaupt kein Gedächtnis hätten, könnten wir dann denken? Wir könnten es nicht. Unser Gehirn ist das Instrument des Gedächtnisses. Wir erinnern uns der Dinge, die geschehen sind, der Erfahrung und so fort, all das macht das Gedächtnis aus. Gedächtnis kommt aus dem Wissen, aus der Erfahrung, nicht wahr? Daher sind Erfahrung, Wissen, Gedächtnis und die Reaktion des Gedächtnisses das Denken. Dieser ganze Prozess des Erfahrens, Erinnerns, Festhaltens wird zu unserem Wissen. Natürlich ist Erfahrung immer beschränkt.

Ist die Erfahrung etwas anderes als der Erfahrende? Setzen Sie Ihren ganzen Verstand ein. Finden Sie die Antwort heraus! Wenn es keinen Erfahrenden gibt, gibt es dann eine Erfahrung? Natürlich nicht. Daher sind die Erfahrung und der Erfahrende dasselbe, wie

41

der Beobachter und das Beobachtete. Der Denker ist nicht verschieden von seinen Gedanken. Der Denker ist das Denken.

Die Erfahrung ist also beschränkt, wie Sie in der Welt der Wissenschaft oder auf jedem anderen Gebiet feststellen können. Sie fügen dem Wissen jeden Tag immer mehr und mehr hinzu, durch Erfahrung, durch Versuche mit Tieren und all das Entsetzliche, was geschieht – und dieses Wissen ist begrenzt, weil sie etwas hinzufügen. Daher ist das Gedächtnis begrenzt. Aufgrund dieses Gedächtnisses ist das Denken begrenzt. Da das Denken begrenzt ist, muss es unweigerlich Konflikte hervorbringen. Schauen Sie sich dieses Schema an – akzeptieren Sie nicht, was der Sprecher sagt, das ist absurd. Er ist keine Autorität, er ist kein Guru, Gott sei Dank. Aber wir können diese Tatsache gemeinsam beobachten, dass Denken und Zeit die Wurzel der Angst sind.

Zeit und Denken sind dasselbe; sie sind nicht zwei verschiedene Bewegungen. Betrachten Sie diese Tatsache, diese Gegebenheit, dass Zeit und Denken, Zeit-Denken, die Wurzel der Angst sind – beobachten Sie das bei sich selbst. Rücken Sie nicht ab von dieser Wirklichkeit, von dieser Wahrheit – dass Angst von Zeit und Denken verursacht wird. Halten Sie das fest. bleiben Sie dran, laufen Sie nicht davon, deuten und erklären Sie es nicht, es ist so. Dann ist einem, als hielte man einen kostbaren Edelstein in der Hand. Sie nehmen die ganze Schönheit dieses Edelsteins wahr. Dann werden Sie selbst sehen, dass die Angst psychisch ein vollkommenes Ende hat. Und wenn es keine Angst gibt, sind Sie frei. Wenn diese totale Freiheit vorhanden ist, dann hat man keine Götter, keine Rituale, sondern man ist ein freier Mensch.

Ich weiß nicht, warum Sie Beifall klatschen. Vielleicht klatschen Sie um Ihrer selbst willen. Sie ermutigen damit nicht den Sprecher, noch entmutigen Sie ihn. Er verlangt überhaupt nichts von Ihnen. Wenn Sie selbst sowohl Lehrer als auch Schüler werden – ein Schüler ist einer, der lernt, lernt und nochmals lernt, nicht Wissen anhäuft – dann sind Sie ein außergewöhnlicher Mensch.

Washington D. C., 20. April 1985

43

Gespräch 2

Können wir dort anknüpfen, wo wir gestern aufgehört haben? Wir haben von der Angst gesprochen und vom Enden der Angst. Außerdem haben wir über die Verantwortung eines jeden von uns gesprochen angesichts dessen, was in der Welt geschieht. Die grauenvolle, entsetzliche Unordnung, in der wir uns befinden. Wir alle sind verantwortlich – individuell, kollektiv, national und religiös – für alles, was wir aus der Welt gemacht haben. Nach Tausenden und Tausenden von Jahren sind wir Barbaren geblieben. Wir verletzen uns gegenseitig. Wir töten und zerstören uns gegenseitig. Wir haben die Freiheit gehabt, genau das zu tun, was uns beliebt, und das hat in der Welt Verheerungen angerichtet. Freiheit heißt nicht, das zu tun, was einem beliebt, sondern vielmehr frei zu sein von der Müh-

47

sal des Lebens, von unseren Problemen, von unseren Sorgen, von unserer Angst, von unseren psychischen Verwundungen, von dem ganzen Konflikt, den wir so viele Jahrtausende hindurch in Kauf genommen haben.

Weiterhin sagten wir, dass dieses Treffen keine Vorlesung über einen bestimmten Gegenstand ist, um Informationen zu geben oder um Lehren zu erteilen. Vielmehr geht es um unsere Verantwortung, alle Probleme unseres täglichen Lebens gemeinsam zu untersuchen und zu erforschen. Es geht nicht um irgendeine spekulative Vorstellung oder Philosophie, sondern darum, den täglichen Schmerz, die Langeweile, die Einsamkeit, die Verzweiflung, die Depression und den endlosen Konflikt zu verstehen, mit dem der Mensch gelebt hat.

An diesem Morgen wollen wir uns viel vornehmen. Wir haben gestern darauf hingewiesen, dass dies kein Treffen ist, bei welchem der Sprecher Sie intellektuell, emotional oder auf irgendeine andere Weise stimuliert. Wir verlassen uns sehr stark auf Stimulation; das ist eine Form der Kommerzialisierung: Drogen, Alkohol und all die verschiedenen Mittel zur Erzeugung von Sinnesempfindungen. Aber wir wollen nicht nur Empfindungen,

48

sondern Erregung. Doch damit hat dieses Treffen nichts zu tun. Wir sind hier beisammen, um unser Leben, unser alltägliches Leben zu untersuchen. Es geht darum, sich selbst zu verstehen, das, was man wirklich ist, nicht theoretisch, nicht im Sinne irgendeines Philosophen oder Psychiaters. Wenn wir all das beiseite lassen können und beobachten, uns selbst anschauen, wie wir wirklich sind, ohne in Depression oder Hochstimmung zu geraten, dann werden wir die ganze psychische Struktur unseres Seins, unserer Existenz begreifen.

Wir sagten gestern, dass zu den Dingen, die Menschen ihr Leben lang durchmachen, eine Form von Angst gehört. Wir haben uns sehr eingehend mit dieser Frage beschäftigt, dass Zeit und Denken die Wurzel der Angst sind. Wir haben uns mit Zeit und Denken auseinandergesetzt. Zeit ist nicht nur die Vergangenheit, die Gegenwart und die Zukunft, sondern sie ist im Jetzt. In der Gegenwart ist alle Zeit enthalten, denn was wir jetzt sind, werden wir auch morgen sein, wenn nicht eine große, fundamentale Wandlung in der Psyche, in den Gehirnzellen selbst stattfindet.

49

Wir dürfen darauf hinweisen, dass Sie und der Sprecher gemeinsam auf eine Reise gehen, eine lange und komplizierte Reise. Um diese Reise zu unternehmen, darf man an keine bestimmte Form des Glaubens gebunden sein – denn dann ist die Reise nicht möglich –, auch an keine religiöse Überzeugung, noch an irgendeine Annahme, Ideologie oder an irgendein Konzept. Es ist so, als würde man den Mount Everest oder einen anderen wunderbaren hohen Berg der Welt besteigen. Dabei muss man vieles zurücklassen, man darf nicht alle Bürden die steilen Berghänge hinaufschleppen. Wenn wir also diese Reise unternehmen – und der Sprecher meint, wir gemeinsam, nicht, dass er redet und Sie zustimmen oder ablehnen. Wenn wir diese beiden Wörter völlig beiseite lassen können, dann sind wir in der Lage, die Reise miteinander anzutreten. Manche wollen vielleicht sehr schnell vorankommen und andere mögen zurückbleiben, aber es ist eine gemeinsame Reise.

Wir sollten auch darüber sprechen, warum die Menschen immer ihr Vergnügen als Gegensatz zur Angst gesucht haben. Wir haben nie untersucht, was Vergnügen eigentlich ist, warum wir auf verschiedenen Wegen immerwährendes Vergnügen wollen: Sexuelles, sinnliches, intellektuelles, das Vergnügen des Besitzens, das Vergnügen, sich eine hohe Fertigkeit anzueignen, das Vergnügen, das man aus einer Menge von Informationen, von Wissen gewinnt, und jene höchste Befriedigung, die wir Gott nennen. Bitte, werden Sie nicht ungehalten oder verärgert, und haben Sie nicht den Wunsch, dem Sprecher etwas an den Kopf zu werfen. Dies ist eine gewalttätige Welt. Wenn man nicht derselben Meinung ist, bringen sie einen gleich um. Das geschieht wirklich. Aber hier versuchen wir nicht, uns gegenseitig umzubringen, wir machen hier weder irgendeine Art von Propaganda noch versuchen wir, Sie von irgendetwas zu überzeugen.

Wir wollen uns vielmehr der Wahrheit der Dinge stellen, nicht in Täuschungen leben. Es ist sehr schwer, ohne Täuschungen zu beobachten. Wenn Sie sich selbst täuschen und dem, was ist, nicht ins Auge sehen, dann wird es unmöglich, sich selbst anzuschauen, wie man ist. Doch wir lieben Täuschungen, Illusionen, jede Form des Betruges, weil wir Angst davor haben, uns selbst anzuschauen. Sich selbst ganz klar, genau und präzise zu sehen, ist nur möglich im Spiegel eincr Beziehung. Das ist der einzige Spiegel, den wir besitzen. Wenn Sie sich anschauen beim Kämmen Ihrer Haare, beim Rasieren – oder was immer Sie mit Ihrem Gesicht machen – der Spiegel gibt genau wieder, wie Sie aussehen.

Gibt es auch einen psychischen Spiegel, in dem man genau, präzise, tatsächlich sehen kann, was man ist? Wie gesagt, es gibt einen solchen Spiegel, nämlich eine Beziehung, wie intim sie auch sein mag, ob mit einem Mann oder einer Frau. In dieser Beziehung sieht man, was man wirklich ist, wenn Sie es zulassen, das zu sehen, was Sie wirklich sind. Dann sehen Sie, wie Sie zornig werden, wie besitzergreifend Sie sind, und alles Übrige.

Der Mensch hat ewig das Vergnügen gesucht, im Namen Gottes, im Namen des Friedens oder im Namen einer Ideologie. Außerdem gibt es die Lust an der Macht – Macht über andere auszuüben, politische Macht. Haben Sie bemerkt, dass Macht etwas Hässliches ist, wenn man einen Anderen in irgendeiner Form dominiert? Macht ist eines der Dinge im Leben, die von Übel sind. Und Vergnügen ist die Kehrseite der Angst. Wenn man das Wesen der Angst in der Tiefe, gründlich, ernsthaft versteht – damit haben wir uns gestern befasst, also wollen wir es jetzt nicht mehr tun –, dann ist Vergnügen Wonne: Der Anblick von etwas Schönem, der Anblick des Sonnenunterganges oder des Morgenlichtes, der Morgendämmerung, der wunderbaren Farben, der Spiegelung des Sonnenlichtes auf dem Wasser – das ist Wonne. Doch wir machen daraus eine Erinnerung und kultivieren diese Erinnerung als Vergnügen.

Ich weiß nicht, ob Sie der Frage des Handelns einmal nachgegangen sind. Was ist Handeln? Wir alle sind so tätig, vom Morgen bis zum Abend, nicht nur physisch, sondern auch psychisch, das Hirn plappert unentwegt und bewegt sich unaufhörlich von einer Sache zur anderen. Bei Tag und bei Nacht, in unseren Träumen, kommt das Hirn nie zur Ruhe, es ist ständig in Bewegung. Was heißt Handeln, das Tun? Das Wort »tun« steht in der Gegenwart; es bedeutet nicht, dass ich etwas getan habe oder tun werde. Handeln bedeutet, jetzt etwas tun, genau, vollständig, ganzheitlich – wenn ich dieses Wort gebrauchen darf – ein Handeln, das ganz, vollständig, nicht partiell ist. Wenn Handeln auf einer Ideologie beruht, dann ist es kein Handeln, nicht wahr? Es ist Anpassung an ein bestimmtes, von Ihnen festgelegtes Handlungsmuster, und daher ist es unvollständiges Handeln, entsprechend einer Erinnerung, einer Schlussfolgerung. Wenn Sie entsprechend einer bestimmten Ideologie, einem vorgegebenen Muster oder einer Folgerung handeln, dann ist Ihre Tat immer unvollständig; es liegt ein Widerspruch in ihr. Wir müssen also dieses äußerst komplexe Problem des Handelns untersuchen.

Hat Handeln mit Unordnung oder Ordnung zu tun? Verstehen Sie? Wir leben in Unordnung. Unser Leben ist unordentlich, verwirrt und widersprüchlich: Wir sagen das eine und tun das andere, denken das eine und tun gerade das Gegenteil. Was also ist Ordnung und Unordnung? Vielleicht haben Sie über all diese Dinge noch nicht nachgedacht, denken wir also gemeinsam darüber nach und bitte lassen Sie mich kein Selbstgespräch führen. Es ist noch früh am Morgen, und Sie haben noch den ganzen Tag vor sich. Lassen wir uns also gemeinsam dieser Frage bewusst werden: Was ist Ordnung und was ist Unordnung; und wie verhält sich Handeln zu Ordnung und Unordnung?

Was ist Unordnung? Bitte, sehen Sie sich die Welt an: Die Welt ist in Unordnung. Schreckliche Dinge geschehen. Sehr wenige von uns wissen wirklich, was in der Welt der Wissenschaft, in der Welt der Kriegskunst vor sich geht, all die schrecklichen Dinge, die in anderen Ländern geschehen; und die Armut in allen Ländern, die Reichen und die entsetzlich Armen, die ständige Bedrohung durch Krieg, eine politische Gruppierung im Kampf gegen eine andere politische Gruppierung. Da ist also diese enorme Unordnung. Das ist tatsächlich so, das ist keine Erfindung oder Einbildung. Wir haben diese Unordnung geschaffen, weil unsere Lebensweise selbst unordentlich ist. Wir versuchen nun, durch soziale Reformen und Ähnliches Ordnung herzustellen. Ohne Verständnis und ohne das Ende der Unordnung herbeizuführen, versuchen wir zur Ordnung zu gelangen. Das ist so, als wenn ein wirrer Geist Klarheit finden wollte. Ein wirrer Geist ist ein wirrer Geist, er kann nicht zur Klarheit finden. Kann es also ein Ende der Unordnung in unserem Leben, in unserem täglichen Leben geben? Nicht Ordnung im Himmel oder an einem anderen Ort, sondern kann es Ordnung in unserem täglichen Leben geben? Kann es ein Ende der Unordnung geben? Wenn der Unordnung ein Ende gesetzt ist, gibt es natürlicherweise Ordnung. Diese Ordnung ist lebendig; sie beruht nicht auf einem bestimmten Muster oder einer Schablone.

Daher untersuchen wir die Sache. Wir schauen uns selbst an und lernen etwas über uns selbst. Lernen ist etwas anderes als das Aneignen von Wissen. Bitte, schenken Sie dem freundlicherweise ein wenig Ihre Aufmerksamkeit – dass Lernen ein unendlicher, ein grenzenloser Prozess ist, während das Wissen immer begrenzt ist. Lernen setzt nicht nur visuelles, optisches Beobachten voraus, sondern auch ein Beobachten ohne Verzerrung, indem man die Dinge genau so sieht, wie sie sind.

Dies erfordert die Disziplin des Lernenden, nicht die schreckliche Disziplin des Althergebrachten, der Tradition, bestimmter Regeln, Vorschriften und so fort. Es ist ein Lernen durch klare Beobachtung, indem man auf das hört, was der andere sagt, ohne irgendeine Entstellung. Lernen ist nicht kumulativ, weil Sie in Bewegung sind. Verstehen Sie das alles? Indem wir also lernen, was Unordnung in uns selbst ist, entsteht Ordnung auf ganz natürliche Weise, leicht und unverhofft. Und wenn Ordnung ist – so ist die Ordnung Tugend. Es gibt keine andere Tugend als die vollkommene Ordnung. Das ist vollkommene Moral, nicht irgendeine aufgezwungene oder vorgeschriebene Moral.

Sodann sollten wir auch gemeinsam über diese ganze Frage des Leides sprechen. Sie haben wohl nichts dagegen? Denn Männer, Frauen und Kinder auf der ganzen Welt, ob sie hinter dem Eisernen Vorhang leben, was äußerst bedauerlich für sie ist, oder ob sie in Asien, Europa oder hier leben – jeder Mensch, ob reich oder arm, intellektuell oder ganz einfache Laien wie wir – alle gehen durch jede Form des Leides hindurch. Haben Sie je Menschen angeschaut, die geweint haben, durch Jahrhunderte, durch Tausende von Kriegen? Es gibt unendlich viel Leid auf der Welt. Nicht, dass es nicht auch Vergnügen, Freude und so weiter gäbe, doch im Verstehen und vielleicht Beenden des Leides liegt etwas weitaus Größeres.

Wir müssen uns also dieser komplexen Frage des Leides zuwenden, ob es je ein Ende nehmen kann, oder ob der Mensch dazu verdammt ist, ewig zu leiden – nicht nur physisch zu leiden, sondern auch psychisch. Wir haben ungeheure innere Leiden durchgemacht, ohne vielleicht je ein Wort darüber zu sagen oder uns auszuweinen.

57

Während dieser ganzen langen Evolution des Menschen, vom Anbeginn der Zeit bis heute, hat jeder Mensch auf der Erde gelitten. Leiden ist nicht nur der Verlust eines Menschen, den man gern zu haben oder zu lieben meint, sondern auch das Leiden der ganz Armen, der Analphabeten. Wenn Sie nach Indien oder in andere Teile der Welt fahren, sehen Sie Menschen, die viele Meilen zu Fuß laufen, um eine Schule besuchen zu können – kleine Mädchen und kleine Jungen. Sie werden nie reich sein, sie werden nie in einem Auto fahren, vielleicht werden sie nie ein heißes Bad nehmen können. Sie haben einen einzigen Sari oder ein einziges Kleid – was immer sie tragen –, und das ist alles. Das ist Leid. Der Mensch, der im Auto vorüberfährt und all das sieht, leidet ebenfalls, wenn er sensibel und bewusst genug ist. Weiterhin gibt es das Leid der Unwissenheit; nicht die Unkenntnis des Schreibens und der Literatur und alles Übrigen, sondern das Leid des Menschen, der sich selbst nicht kennt. Es gibt mannigfaltige Arten des Leides. Wir fragen, ob dieses Leid für jeden ein Ende nehmen kann? Da ist das Leid im eigenen Inneren und das Leid in der Welt. Tausende von Kriegen, verstümmelte Menschen, entsetzliche Grausamkeit. Nicht eine bestimmte Art von Grausamkeit, über die man viel redet und sich dann gegen diese bestimmte Form von Grausamkeit auflehnt. Man fragt nie, ob es ein Ende der Grausamkeit als solches gibt. Es ist entsetzlich, und wir setzen diese Grausamkeit fort. Jede Nation auf der Welt hat Grausamkeiten begangen. Grausamkeit bringt ungeheures Leid hervor. Wenn man all das sieht – nicht durch ein Buch, nicht durch einen Reisenden, der in fremde Länder fährt, um sich zu amüsieren –, sondern wenn man als Mensch reist und einfach nur beobachtet, sich sensibel all dieser Dinge bewusst wird, ist das Leid etwas Schreckliches. Kann dieses Leid ein Ende nehmen?

Bitte, richten Sie diese Frage an sich selbst. Der Sprecher stimuliert Sie nicht, Leid zu empfinden. Der Sprecher sagt Ihnen nicht, was das Leid ist. Es ist unmittelbar in uns. Niemand braucht darauf hinzuweisen, wenn Sie Ihre Augen offenhalten, wenn Sie sensibel und sich dessen bewusst sind, was in dieser monströsen Welt geschieht. Bitte, stellen Sie sich daher die Frage, ob das Leiden je ein Ende nehmen kann. Denn es ist damit so wie mit dem Hass: wenn Leid herrscht, gibt es keine Liebe.

59

Wenn Sie leiden, wenn Sie mit Ihrem eigenen Leiden beschäftigt sind, wie kann es dann Liebe geben? Daher muss diese Frage gestellt werden, so schwer es auch zu finden sei – nicht die Antwort, sondern das Ende des Leidens.

Was ist Leid? Nicht nur der physische Schmerz und der anhaltende Schmerz, ein gelähmter, verstümmelter oder kranker Mensch, sondern auch das Leid, einen Menschen zu verlieren – an den Tod. Wir kommen gleich auf den Tod zu sprechen. Ist Leid Selbstmitleid? Bitte, prüfen Sie das. Wir sagen nicht, dass es so sei oder nicht so sei. Wir fragen: Wird Leid durch Selbstmitleid verursacht? Ist das ein Faktor? Wird Leid durch Einsamkeit, durch das verzweifelte Gefühl, allein zu sein, verursacht? Nicht allein – das Wort »allein« bedeutet »All-Eins« –, sondern das Gefühl, isoliert zu sein und in dieser Isolation keine Beziehung zu irgendetwas zu haben.

Ist Leid einfach eine intellektuelle Angelegenheit, die man rationalisieren und mit Erklärungen abtun kann? Oder kann man ohne den Wunsch nach Tröstung damit leben? Verstehen Sie? Mit dem Leid leben, nicht davor flüchten, es nicht rationalisieren, keinen flüchtigen oder ausgesuchten Trost finden – irgendeine religiöse oder illusionäre romantische Ausflucht –, sondern mit etwas leben, dem ungeheure Bedeutung zukommt. Leid ist nicht nur eine physische Erschütterung, wenn man seinen Sohn oder Ehemann, seine Frau oder Freundin verliert. Das ist ein ungeheurer biologischer Schock, der einen fast lähmt. Kennen Sie das alles nicht?

Es gibt auch das Gefühl der verzweifelten Einsamkeit. Können wir das Leid anschauen, wie es tatsächlich in uns ist, und dabei bleiben, es festhalten und nicht abrücken davon? Das Leid unterscheidet sich nicht vom Leidenden. Der leidende Mensch möchte weglaufen, flüchten und alles Mögliche tun. Aber es anschauen, wie man ein Kind anschaut, ein schönes Kind, es festhalten und nicht vor ihm fliehen – dann werden Sie selbst sehen, wenn Sie wirklich in die Tiefe blicken, dass es ein Ende des Leides gibt. Wenn das Leid ein Ende gefunden hat, ist Leidenschaft da; nicht Begierde, nicht Stimulierung der Sinne, sondern Leidenschaft.

Sehr wenige besitzen diese Leidenschaft, weil wir so sehr durch unsere eigenen Leiden, unsere eigenen Schmerzen, unseren eigenen Jammer und unsere Eitelkeit verzehrt werden. Wir haben eine Menge Energie – sehen Sie nur, was in der Welt vor sich geht – ungeheure Energie für die Erfindung neuer Dinge, neuer Geräte, neuer Methoden, um andere zu töten. Auf den Mond zu fliegen, erfordert ungeheure Energie und Konzentration, sowohl intellektuell als auch in der Tat. Wir besitzen ungeheure Energie, aber wir verschwenden sie durch Konflikte, durch Angst, durch endloses Geschwätz über nichts. Leidenschaft aber besitzt ungeheure Energie. Diese Leidenschaft wird nicht stimuliert, sie sucht keine Stimulation. Sie ist da wie ein loderndes Feuer. Sie stellt sich erst dann ein, wenn das Leid ein Ende genommen hat.

Wenn dieses Leid ein Ende nimmt, ist das nicht etwas Persönliches, denn Sie sind die übrige Menschheit, wie wir gestern gesagt haben. Wir alle leiden, wir alle machen Einsamkeit durch. Jeder Mensch auf dieser Erde, ob reich oder arm, gelehrt oder unwissend, geht durch ungeheure Ängste, bewusste oder unbewusste. Ihr Bewusstsein ist nicht das Ihre, es ist das menschliche Bewusstsein. Der Inhalt dieses Bewusstseins setzt sich aus all Ihrem Glauben zusammen, Ihrem Leid, Ihrem Jammer, Ihren Eitelkeiten, Ihrer Arroganz oder Ihrem Streben nach

Macht und Position. All das ist Ihr Bewusstsein, das von allen Menschen geteilt wird. Daher ist es nicht Ihr eigenes Bewusstsein. Wenn Sie das wirklich begreifen, nicht verbal oder intellektuell oder theoretisch oder als Konzept, sondern als etwas Tatsächliches, dann werden Sie niemanden umbringen, niemanden verletzen, sondern Sie werden auf etwas kommen, das vollkommen anders ist, etwas von einer gänzlich anderen Dimension.

Wir sollten auch miteinander über diese große Frage sprechen, was Liebe ist. Wir gebrauchen das Wort »Liebe« so nachlässig, sie ist zu etwas rein Sinnlichem, Sexuellem geworden. Liebe wird mit Lust identifiziert. Um diesen Duft zu finden, muss man auf die Frage eingehen, was Liebe nicht ist. Durch die Negation kommt man zum Positiven, nicht umgekehrt. Drücke ich mich klar aus? Durch die Negation dessen, was Liebe nicht ist, gelangt man zu dem, was unermesslich wahr, was Liebe ist.

Liebe ist also nicht Hass, das ist offensichtlich. Liebe ist nicht Eitelkeit oder Hochmut. Liebe ist nicht in der Hand von Macht. Menschen, die Macht ausüben, die Macht begehren – gleichgültig, ob über ein kleines Kind oder über eine ganze Gruppe von Menschen oder eine

Nation –, das ist sicherlich nicht Liebe. Liebe ist nicht Lust, Liebe ist nicht Begehren. Liebe ist sicherlich nicht Denken. Können Sie also dies alles beiseite lassen? Ihre Eitelkeit, Ihr Machtgefühl – so gering, so klein es sein mag –, es ist wie ein Wurm. Und je mehr Macht Sie haben, desto hässlicher ist es – darum gibt es darin keine Liebe. Wenn Sie ehrgeizig und aggressiv sind, wozu Sie ja alle erzogen werden – erfolgreich zu sein, berühmt zu sein, bekannt zu werden, was vom Standpunkt des Sprechers äußerst kindisch ist –, wie kann es da Liebe geben?

Liebe ist also etwas, das man nicht einladen oder kultivieren kann. Sie entsteht natürlich, leicht, wenn diese anderen Dinge nicht vorhanden sind. Während man etwas über sich selbst lernt, kommt man darauf: Wo Liebe ist, ist Mit-Gefühl; und Mit-Gefühl hat seine eigene Intelligenz. Das ist die höchste Form von Intelligenz, nicht die Intelligenz des Denkens, die Intelligenz von listigen Täuschungen und all dem. Nur wenn vollkommene Liebe und Mitgefühl herrschen, dann gibt es jene vorzügliche Intelligenz, die nichts Mechanisches hat.

Wir sollten jetzt über den Tod sprechen. Sollen wir das tun? Interessiert es Sie herauszufinden, was der Tod

ist? Was ist die Bedeutung dieses Wortes »Tod« – das
Sterben, das Enden? Nicht nur das Ende, sondern was
geschieht nach dem Tod? Nimmt man die Erinnerungen
des eigenen Lebens mit? Die gesamte asiatische Welt
glaubt an die Reinkarnation. Das heißt – ich sterbe, ich
habe ein elendes Leben geführt, vielleicht hier und da
ein wenig Gutes getan, und im nächsten Leben werde
ich besser sein. Ich werde mehr Gutes tun. Das Ganze
beruht auf dem Prinzip von Belohnung und Strafe, wie
alles in der Welt. Es basiert auf dem Wort »Karma«,
welches im Sanskrit »Tat, Handlung« bedeutet. Ich werde jetzt nicht weiter darauf eingehen. Es besteht also
der Glaube, dass man im nächsten Leben eine bessere
Chance bekommt, abhängig davon, was für eine Art
Leben man vorher geführt hat – die Belohnung und die
Bestrafung. Im Christentum dagegen glaubt man an die
Auferstehung und so fort.

Wenn wir also vorläufig all das beiseite lassen können, wirklich zur Seite stellen, ohne uns an das eine
oder andere zu klammern, was ist dann der Tod? Was
bedeutet es zu sterben? Nicht nur biologisch, physisch,
sondern auch psychisch. Diese ganze Anhäufung von

65

Erinnerungen, die eigenen Neigungen, Fertigkeiten, unsere Eigenheiten, die Dinge, die man gesammelt hat, sei es Geld, Wissen, Freundschaft, was immer Sie wollen; das alles haben Sie sich angeeignet. Und dann kommt der Tod und sagt: »Tut mir leid, du kannst nichts davon mitnehmen.«

Was bedeutet es also zu sterben? Können wir auf diese Frage eingehen? Oder haben Sie Angst davor? Was ist der Tod? Wie kann man das untersuchen? Verstehen Sie meine Frage? Ich lebe, ich mache jeden Tag mit, es ist Routine, mechanisch, elend, glücklich oder unglücklich. Sie kennen das alles. Dann kommt der Tod, durch einen Unfall, durch eine Krankheit, durch das Alter. Senilität – was ist Senilität? Ist sie nur auf die Alten beschränkt? Besteht nicht Senilität darin, dass wir immer nur dasselbe wiederholen, wiederholen und wiederholen – dass wir mechanisch, gedankenlos handeln? Ist nicht auch das eine Form von Senilität?

Weil wir Angst vor dem Tode haben, sehen wir nie die Größe dieser außerordentlichen Angelegenheit. Ein Kind wird geboren – ein neuer Mensch entsteht. Das ist ein außerordentliches Ereignis; und dieses Kind wächst

heran und wird das, was Sie alle geworden sind, und
dann stirbt es. Auch der Tod ist etwas höchst Außerordentliches; er muss es sein. Aber Sie werden seine Tiefe
und Größe nicht wahrnehmen, wenn Sie Angst haben.

Also, was ist der Tod? Ich möchte, während ich lebe,
herausfinden, was es bedeutet zu sterben. Ich bin nicht
senil, ich bin bei Verstand, ich bin imstande, klar zu
denken, auch wenn ich manchmal vielleicht etwas da-
neben greife – aber ich bin aktiv, klar. Ich frage mich
also – ich frage nicht Sie – ich beobachte einfach; und
wollen auch Sie beobachten, was der Tod ist? Der Tod
bedeutet gewiss das Ende von allem, das Ende meiner
Beziehungen, das Ende aller Dinge, die ich in meinem
Leben aufgebaut habe, alles Wissens, aller Erfahrung,
des idiotischen Lebens, das ich geführt habe, ein sinn-
loses Leben. Oder habe ich intellektuell einen Sinn
des Lebens zu finden versucht? Dann kommt der Tod
und sagt: »Das ist das Ende.« Aber ich habe Angst,
das kann doch nicht das Ende sein. Ich besitze so viel.
Ich habe so viel angesammelt, nicht nur Möbel oder
Bilder. Wenn ich mich mit den Möbeln oder Bildern
oder dem Bankkonto identifiziere, dann bin ich das

67

Bankkonto, dann bin ich die Bilder, dann bin ich die Möbel. Ist es nicht so? Wenn man sich mit etwas so vollständig identifiziert, dann ist man es. Vielleicht gefällt Ihnen dies alles nicht, aber seien Sie bitte so freundlich, und hören Sie zu. Ich habe also Wurzeln geschlagen, ich habe viele Dinge um mich herum aufgebaut – und der Tod kommt und fegt alles hinweg. Ich frage mich daher, ob es möglich ist, zu jeder Zeit mit dem Tod zu leben? Nicht am Ende von neunzig oder hundert Jahren – der Sprecher ist neunzig, entschuldigen Sie. Nicht am Ende meines Lebens, sondern mit meiner ganzen Energie, meiner Vitalität und allen Dingen, die vor sich gehen, kann ich allezeit mit dem Tod leben? Nicht Selbstmord begehen, das meine ich nicht, das wäre zu dumm, sondern mit dem Tod leben, und das bedeutet für jeden Tag das Ende von allem, was ich angesammelt habe – das Enden.

Ich weiß nicht, ob Sie der Frage, was Kontinuität ist und was es heißt, etwas zu beenden, je nachgegangen sind. Was Kontinuität besitzt, kann sich nie erneuern, kann nie wiedergeboren werden. Es kann sich wiederbeleben. Das Wort »wiederbeleben« bedeutet, etwas Welkendes,

Absterbendes wieder zum Leben erwecken. Es gibt die religiöse Erweckung, um die zurzeit so viel Lärm gemacht wird. Ich weiß nicht, ob Ihnen aufgefallen ist, dass die organisierten Religionen und die Gurus und all die anderen ungeheuer reiche Leute sind, mit großem Besitz. In Südindien gibt es einen Tempel; an jedem dritten Tag wird dort eine Million Dollar gesammelt. Verstehen Sie? Gott ist sehr einträglich. Dies ist kein Zynismus, sondern Tatsache. Wir stehen Tatsachen gegenüber, da kann man nicht zynisch sein oder verzweifeln, es ist so. Seien Sie weder optimistisch noch pessimistisch. Sie müssen diese Dinge anschauen.

Kann ich also mit dem Tod leben, das heißt, dass alles, was ich getan und angesammelt habe, ein Ende nimmt? Enden ist wichtiger als Kontinuität. Das Enden bedeutet den Beginn von etwas Neuem. Wenn Sie bloß die Kontinuität wahren, wird nur dasselbe Muster in einer anderen Form wiederholt. Ist Ihnen noch etwas Merkwürdiges aufgefallen? Wir haben die Welt furchtbar zugerichtet, und indem wir auf politischer, religiöser, sozialer und wirtschaftlicher Ebene etwas organisieren, wollen wir sie wieder in Ordnung bringen. Wenn diese

69

Organisation oder Institution nicht funktioniert, dann erfinden wir eine neue Organisation und räumen die Unordnung nie auf, sondern schaffen neue Organisationen, neue Institutionen – und das nennt man Fortschritt. Ich weiß nicht, ob Sie all das bemerkt haben. Das ist es, was wir tun – wir schaffen Tausende von Institutionen.

Vor kurzem sprachen wir vor den Vereinten Nationen. Es werden weiter Kriege geführt, sie haben sie nicht beendet, sondern nur reorganisiert. In diesem Land tun sie genau dasselbe. Wir räumen die Unordnung nie auf. Wir verlassen uns auf Organisationen, die sie in Ordnung bringen sollen, oder auf neue Führer, neue Gurus, neue Priester, neue Glaubensrichtungen und den ganzen Unsinn. Kann ich also mit dem Tod leben? Das bedeutet Freiheit, vollkommene, totale, ganzheitliche Freiheit; und in dieser Freiheit liegt große Liebe und Mit-Gefühl und jene Intelligenz, die kein Ende hat, die unermesslich ist.

Wir sollten miteinander auch darüber sprechen, was Religion ist. Können wir noch weitermachen? Sind Sie nicht zu müde? Der Sprecher hat es nicht darauf angelegt, Sie von irgendetwas zu überzeugen, bitte glauben Sie mir das. Er versucht nicht, Zwang auf Sie auszuüben durch Stimulierung oder irgendein anderes Mittel. Wir betrachten gemeinsam die Welt, Ihre persönliche Welt und Ihre Umwelt. Sie sind die Welt; die Welt unterscheidet sich nicht von Ihnen. Sie haben diese Welt geschaffen und sind für Sie verantwortlich, vollständig, total, ob Sie ein Politiker sind oder ein gewöhnlicher Mensch auf der Straße.

Sprechen wir also gemeinsam darüber, was Religion ist. Der Mensch war immer auf der Suche nach etwas jenseits von allem Schmerz, von Angst und Leid. Gibt es etwas Heiliges, Ewiges, etwas, das jenseits der Reichweite des Denkens liegt? Diese Frage wurde seit den ältesten Zeiten gestellt. Was ist heilig? Was ist das, was ohne Zeit ist, was nicht korrumpiert werden kann, was namenlos ist, keine Eigenschaft, keine Begrenzung aufweist – das Zeitlose, das Ewige? Gibt es so etwas? Seit Abertausenden von Jahren hat der Mensch diese Frage gestellt. Er hat die Sonne, die Erde, die Natur, die Bäume, die Vögel angebetet; alles, was auf dieser Erde lebt, hat der Mensch seit Urzeiten angebetet. In den Veden und Upanishaden wird Gott nie erwähnt. Das Allerhöchste, so besagen sie, ist nicht manifestiert.

71

Stellen auch Sie diese Frage? Stellen Sie die Frage, ob es etwas Heiliges gibt? Gibt es etwas, das nicht wie alle organisierten Religionen vom Denken geschaffen wurde, sei es das Christentum, der Hinduismus, der Buddhismus oder irgendeine andere Religion? Im Buddhismus gibt es keinen Gott. Bei den Hindus gibt es, wie ich schon sagte, an die dreihunderttausend Gottheiten. Es macht Spaß, so viele zu haben. Sie können mit allen spielen. Dann gibt es noch die Götter der »Bücher«, den Gott nach der Bibel, den Gott nach dem Koran. Ich weiß nicht, ob Ihnen aufgefallen ist, wenn Religionen sich auf Bücher gründen, wie auf die Bibel oder den Koran, dann gibt es Leute, die bigott, engstirnig, intolerant sind, weil das Buch ihnen dies vorschreibt. Ist Ihnen das alles nicht aufgefallen? In diesem Land gibt es die Fundamentalisten, die sich auf das Buch berufen. Bitte, werden Sie nicht ungehalten, schauen Sie es nur an.

Wir fragen also, was Religion ist. Nicht nur, was Religion ist, sondern was das religiöse Gehirn, der religiöse Geist ist. Um sich tief, nicht oberflächlich, auf diese Frage einzulassen, muss totale Freiheit herrschen. Nicht

Freiheit von dem einen oder anderen, sondern Freiheit als Ganzes, an sich. Wir fragen also, wenn es diese Freiheit gibt, ist es dann möglich, in dieser hässlichen Welt zu leben und dennoch frei von Schmerzen, Leid, Angst und Einsamkeit zu sein?

Dann müssen Sie auch erforschen, was Meditation, Kontemplation, im christlichen Sinn, und Meditation, im asiatischen Sinn, ist. Die Meditation ist vermutlich durch die Yogis, die Gurus und diese ganzen abergläubischen, traditionsverhafteten Leute in dieses Land gebracht worden, und daher ist sie etwas Mechanisches. Wir werden also herausfinden müssen, was Meditation ist. Wollen wir darauf eingehen? Amüsiert Sie das nur oder wollen Sie wirklich darauf eingehen? Ist Meditation eine Form der Unterhaltung? Lasst mich zuerst die Meditation erlernen und dann werde ich mich richtig verhalten. Durchschauen Sie das Spiel, das man spielt? Aber wenn es Ordnung im Leben gibt, wirkliche Ordnung, wie wir sie erläutert haben, was ist dann Meditation? Besteht sie darin, dass man bestimmten Systemen oder Methoden folgt: Der Zen-Methode, der buddhistischen Meditation, der hinduistischen Meditation und den neuesten Gurus

73

mit ihrer Meditationsweise? Sie haben immer Bärte und stecken voll Geld. Sie kennen das ja alles.

Was ist also Meditation? Wenn sie bewusst herbeige-führt ist, wenn sie einem System folgt, einer Methode, die Tag für Tag eingeübt wird, was geschieht dann mit dem menschlichen Gehirn? Es stumpft immer mehr ab. Ist Ihnen das nicht aufgefallen? Man wiederholt und wiederholt ein und dasselbe – es mag der falsche Ton sein, aber man wiederholt ihn. Wie ein Pianist, der allein etwas einstudiert und dabei eine falsche Note spielt; er wird sie immer wiederholen. Ist die Meditation also et-was ganz anderes? Sie hat nicht das Geringste mit einer Methode, einem System oder irgendwelchen Praktiken zu tun und kann daher nie mechanisch sein. Sie kann nie bewusste Meditation sein. Bitte begreifen Sie das. Denn das ist so, als wenn ein Mensch bewusst nach Geld strebt und dem Geld nachläuft. Man meditiert bewusst und möchte Frieden, Stille und all das errei-chen. Deshalb sind sich beide gleich: Der Mensch, der nach Geld, Erfolg und Macht strebt, und der Mensch, der nach sogenannter Spiritualität strebt.

Gibt es also Meditation, die nicht bewusst herbei-
geführt und praktiziert wird? Es gibt sie, aber sie erfordert enorme Aufmerksamkeit. Diese Aufmerksamkeit
ist eine Flamme, und diese Aufmerksamkeit ist nicht
etwas, das man zu einem späteren Zeitpunkt erreicht.
Es ist Aufmerksamkeit, jetzt, für alles, für jedes Wort,
jede Geste, jeden Gedanken – völlig aufmerksam zu sein,
nicht teilweise. Wenn Sie jetzt teilweise zuhören, sind Sie
nicht vollkommen aufmerksam. Wenn Sie vollkommen
aufmerksam sind, gibt es kein Selbst, keine Begrenzung.

Das Gehirn ist gegenwärtig voll von Informationen. Es
ist vollgestopft, es gibt darin keinen Raum – aber Raum
ist vonnöten. Raum bedeutet Energie. Wenn kein Raum
vorhanden ist, dann ist Ihre Energie sehr, sehr begrenzt.
Das Gehirn ist derzeit so schwer beladen durch Wissen,
durch Theorien, Macht, Position, so unaufhörlich in
Konflikt und vollgestopft, dass es keinen Raum besitzt.
Freiheit dagegen, vollkommene Freiheit heißt, über diesen unbegrenzten Raum zu verfügen. Das Gehirn ist
ungewöhnlich tüchtig, es besitzt grenzenlose Kapazität,
aber wir haben es so klein und so unbedeutend gemacht.

Wenn also dieser Raum vorhanden ist und die Leere und dadurch immense Energie – Energie ist Leidenschaft, Liebe, Mit-Gefühl und Intelligenz –, dann gibt es diese Wahrheit, die das Allerheiligste ist, dasjenige, wonach der Mensch seit Urzeiten auf der Suche war. Diese Wahrheit ist nicht in irgendeinem Tempel, in einer Moschee oder in einer Kirche zu finden, und es gibt keinen anderen Weg zu ihr als durch die Selbsterkenntnis, durch Erforschen, Studieren und Lernen. Dann ist das, was ewig ist.

Washington D. C., 21. April 1985

Lieferbare KRISHNAMURTI-Titel:

Über die Liebe   978-3-89427-074-2
Selbstgespräche – Das letzte Tagebuch   978-3-89427-016-2
Fragen und Antworten   978-3-89427-174-9
Einbruch in die Freiheit   978-3-89427-100-8
Die Wahrheit ist ein pfadloses Land   978-3-89427-167-1
Zu Füßen des Meisters   978-3-89427-258-6
Wo Liebe ist, kann Leid nicht sein   978-3-89427-146-6

BIOGRAPHIEN:
Peter Michel
Krishnamurti – Freiheit und Liebe   978-3-89427-018-6

Peter Michel:
Krishnamurti – Ein Mensch der Zukunft   978-3-89427-374-3